Paul Schüler

Über die Bedeutung des Satzes

Tutor personae, non rei vel causae datur

Paul Schüler

Über die Bedeutung des Satzes
Tutor personae, non rei vel causae datur

ISBN/EAN: 9783743438279

Hergestellt in Europa, USA, Kanada, Australien, Japan

Cover: Foto ©Paul-Georg Meister /pixelio.de

Manufactured and distributed by brebook publishing software (www.brebook.com)

Paul Schüler

Über die Bedeutung des Satzes

Ueber die Bedeutung des Satzes:

Tutor personae, non rei vel causae datur.

Inaugural-Dissertation

zur

Erlangung der juristischen Doctorwürde

vorgelegt

der juristischen Fakultät der Georg-August-Universität

zu Göttingen

von

Paul Schüler
aus Berlin.

Göttingen.
Druck der Univ.-Buchdruckerei von W. Fr. Kästner.
1890.

Uebersicht.

Einleitende Bemerkungen.

Das Wesen der „tutela", wie es ist und wie es vormals erschien. Der Gegensatz zur „cura" besteht ausschliesslich in der auctoritatis interpositio. Man hat ihn lange Zeit in der Fürsorge des tutor für die Person gefunden und stützte sich auf den Satz: tutor personae datur, non rei vel causae.

Teil I.

Der Auffassung, dass der tutor für die Person des Mündels zu sorgen habe, widerspricht:
1. Der Zusammenhang und die grammatische Bedeutung der Worte § 1;
2. Das Recht: eine persönliche Fürsorge ist der tutela nicht wesentlich § 2.
3. Ein Gegensatz zur cura ist damit nicht begründet § 3.

Teil II.

Nach der Erkenntnis des Wesens der tutela verstand man den Satz dahin: Der tutor werde nur für das ganze Vermögen bestellt, nicht für eine einzelne Angelegenheit.
1. Die Bedeutung von „persona" lässt diese Auslegung nicht zu § 4.
2. Die Auslegung ist in ihrer Allgemeinheit unrichtig, da es tutores speciales giebt § 5.
3. Beweis der Existenz des tutor specialis bei Justinian.
4. Eine Beschränkung des Satzes auf die testamentaria tutela ist unlogisch, da er hierdurch gleichbedeutend würde mit dem Satze: certae rei vel causae testamento tutor non datur, — welchen er doch begründen soll.

Begründung der Worte: certae rei vel causae testamento tutor non datur durch den Zusammenhang der tutela mit der Universalsuccession. § 6.

Teil III.

1. Der Satz: tutor personae, non rei vel causae datur hat den Sinn: der tutor wird der Persönlichkeit bestellt, um sie zu ergänzen, nicht einer Sache oder einem Processe.
In den Worten liegt nicht: Der tutor wird der ganzen Persönlichkeit bestellt in allen ihren Beziehungen § 7.
2. Der tutor (tutor specialis) wird auch dann der Persönlichkeit bestellt, wenn er nur in einem einzelnen Falle sein Vollwort erteilt.
3. In unserem Satze liegt die Begründung des vorangehenden nicht unmittelbar, wohl aber mittelbar, da er das Wesen der tutela enthält § 8.
4. Er enthält daher auch den Gegensatz zur cura. Eine Bezugnahme auf den Satz: curator et ad certam causam dari potest ist nicht angebracht;
5. Uebersicht über das gewonnene Resultat § 9.

Teil IV.

Einwirkung des Satzes: tutor personae, non rei vel causae datur auf die Rechtsentwickelung.
1. Der Vormund hat heute für die Person des Mündels zu sorgen. § 10;
2. Der alte Unterschied besteht nicht mehr.
Die auctoritatis interpositio ein überlebter Begriff. § 11.

Das Wesen der römischen Altersvormundschaft in ihren zwei Erscheinungsformen, der tutela impuberum und der cura minorum, hat erst in neuerer Zeit eine richtige Würdigung gefunden.

Unbekümmert um die geschichtliche Entwickelung und durch Zweifel weckende Ausdrücke in den Quellen zu falschen Interpretationen verführt, mühte man sich vergeblich, den Gegensatz dieser beiden Institute, so wie er bei Justinian zu tage tritt, zu verstehen.

Die Definition des Servius: Tutela est vis (ius) ac potestas in capite libero ad tuendum eum, qui propter aetatem se defendere nequit, erwies sich als eine Quelle falscher Vorstellungen, und da die Grenzen zwischen cura und tutela in der späteren Kaiserzeit sich bereits zu verwischen begannen, so war das Verständnis der Vormundschaftslehre mit Schwierigkeiten verknüpft, welche die ältere Doktrin nicht zu überwinden vermochte.

Dabei spornten die Worte des Modestin: Nam omnino vix differunt curatores a tutoribus [ἐν ὀλίγοις γὰρ πάνυ διαλλάττουσιν οἱ κουράτορες ἀπὸ τῶν ἐπιτρόπων l. 13 pr. de excusat. 27, 1.] die Gelehrten immer von neuem an, danach zu forschen, worin denn eigentlich diese wenigen Unterschiede bestanden. In den Abhandlungen über die Vormundschaft widmete man den „differentiae inter tutelam et curam" besondere Kapitel; ja, es entstanden ganze Monographien darüber, und das Werk der Jahrhunderte wurde gekrönt durch de Meyers Preisschrift¹), in der sich eine grosse Zahl wahrer und falscher Unterschiede zusammengestellt finden.

So hatte es denn den Anschein, als wäre es den vereinten Bemühungen der Romanisten gelungen, den alten Modestin eines Besseren zu belehren: nur dass die entdeckten Gegensätze zumeist entweder unrichtig waren oder aber das Wesen des Institutes nicht berührten.

Denn wenn man hervorhebt, der tutor werde einem Unmündigen gegeben, der curator dagegen einem Erwachsenen²), so ist dieser Unterschied bei seiner Trivialität noch obendrein falsch, da zur Zeit Justinians auch ein curator für die gesamte Verwaltung der Angelegenheiten eines Unmündigen aufgestellt werden konnte³).

Wenn ferner dem tutor eine grössere potestas zugestanden wird als dem curator, so beruht diese Ansicht auf der grundlosen Behauptung, die tutela sei eine Analogie der patria potestas⁴).

Dass die tutela dem ius civile angehöre, die cura aber ihre weitere Ausgestaltung dem prätorischen Rechte verdanke; dass der tutor im Testamente bestellt werden könne, der curator dagegen nicht; dass der tutor dem Mündel gegeben werde „etiam invito", während die cura minoris eine „petitio" voraussetze: das alles ist zwar richtig, begründet aber in der Sache selbst keinen Gegensatz.

Erst Seger brachte die schlichten Worte Modestins

---

1) de Meyer: de eo quod interest inter tutelam et curam aetatis, 1792.
2) Noodt, Comm. ad libr. 26 tit. 1; de Meyer l. c. cap. 1, § 1.
3) cf. l. 19 de auctor. et cons. 26, 8; § 5 J. I, 23.
4) Montanus Tractatus de jure tutelarum et curationum (1656) cap. 4, § 23; Schweppe, Jurist Magazin I. „Von Tutel und Kuratel", S. 100. Vgl. unten § 1.

wieder zu Ehren, indem er in einer geschichtlichen Darstellung der tutela und cura[1]) den Grund legte zu der richtigen Ansicht, dass das Wesen der tutela ausschliesslich in der Ergänzung eines mangelhaften Willens durch die auctoritas des Vormunds bestehe. Dieselbe Ansicht ist später, allerdings nur beiläufig, von Savigny[2]) vertreten worden. Dass sie zur herrschenden wurde, ist vor allem Löhr zu danken, der in einer Abhandlung[3]): „Von Tutel und Curatel" an der Hand der Quellen den Beweis erbrachte, dass der einzige wesentliche Unterschied, der für alle Arten der tutela und cura zutrifft, in der auctoritatis interpositio des tutor liegt[4]).

Dieses den Römern eigentümliche Institut hat seinen Urgrund in der alten Rechtsregel: Per liberam personam nobis non acquiritur, einem Grundsatze, welcher notwendig dahin drängte, den homo sui iuris möglichst früh zum selbständigen Verwalter seiner Angelegenheiten zu machen. Da sich nun mit diesem Principe die Erwägung kreuzte, dass die jugendliche Unerfahrenheit nicht unerhebliche Gefahren für das Vermögen mit sich brächte, so stellte man dem Unmündigen einen tutor oder „auctor" zur Seite und bestimmte, ein Rechtsgeschäft solle für den Mündel erst dann verbindlich sein, wenn der tutor sein Vollwort[5]) erteilt habe.

Damit aber die Einheit der beiden Willenserklärungen

---

1) Historia iuris Romani de tutelis et curationibus [opuscula 1760].
2) Vom Beruf unserer Zeit für Gesetzgebung (1814) S. 104.
3) Grolmanns Magazin für Philos. u. Gesch. d. Rechts, Bd. III, No. 1 und dazu No. 14, eine Verteidigung gegen den Widerlegungsversuch von Schweppe, Juristisches Magazin, Bd. I, H. 1. Giessen 1820.
4) l. 189 de R. J. 50, 17.
5) Diese Uebersetzung des Wortes auctoritas rührt von Gundling her [s. Gundlingiana, Stück 29, No. 6, § 6].

auch äusserlich zum Ausdruck käme, galt die weitere Bestimmung, die auctoritatis interpositio müsse stattfinden „freiwillig" „auf der Stelle" und „unbedingt" bei Nichtigkeit des Rechtsgeschäfts[1]).

Eine auctoritatis interpositio liegt nicht im Machtkreis der cura. Der curator hat regelmässig nur die Vermögensverwaltung. Zwar erteilt der curator minoris seinem Pflegling einen consensus zu Veräusserungen, wie die einen sagen[2]), auch zu Verpflichtungen, wie die anderen meinen[3]). Allein das ist ein Akt, welcher ausserhalb des Geschäfts des Mündels steht und darum an keine Form gebunden ist, auch einen handlungsfähigen Mündel zur Voraussetzung hat.

Dieser wichtige Unterschied hätte gewiss die verdiente Beachtung gefunden, wenn man, anstatt sich mit der deutungsfähigen Definition des Servius abzumühen, die Worte Ulpians beherzigt hätte, welche freilich in die Kompilation nicht aufgenommen werden konnten: Pupillorum pupillarumve tutores et negotia gerunt et auctoritatem interponunt, mulierum tutores auctoritatem dumtaxat interponunt. [Ulp. fragm. XI, § 25.]

Nun konnten zwar auch die Früheren sich nicht der Wahrnehmung vorschliessen, dass die Quellen regelmässig von auctoritas tutoris und von consensus curatoris sprechen. Auf seinen Grund aber hat man diesen Gegensatz nicht zurückführen können, und als wesentlich hat man ihn nicht betrachtet[4]). Vielmehr war die An-

---

1) l. 1 § 1, l. 2, l. 8, l. 9 § 5, l. 17 de auctorit. et cons. 26, 8; § 2 J. de auctor. tut. I, 21.

2) z. B. Rudorff, Recht der Vormundschaft (1832) II, § 123, S. 284 ff. Glück, Comm. Bd. 29, S. 11.

3) Diese Meinung ist rationeller und steht auch nicht, wie man vermeinte, mit den Quellen in Widerspruch. Vgl. die Ausführungen von Jhering: Jahrb. für Dogmatik XII, S. 347 f., Böhlau Meckl. Landr. II, § 88.

4) So zählt Montanus (l. c. cap. 29) eine ganze Reihe von

sicht herrschend — und wohl selten hat eine falsche Ansicht so ungeteilten Beifall gefunden —: dem tutor liege die Sorge für das leibliche und geistige Wohl des Mündels ob, der curator dagegen habe mit der Person des Mündels wenig oder nichts zu schaffen. Zur Begründung aber führte man stets den „Ausspruch des Marcian an: quia tutor personae, non rei vel causae datur."

I.

§ 1.

Die Meinung, dass der tutor für die Person des Mündels zu sorgen habe, findet von der Glosse und den Scholien an bis in die neuere Zeit hinein in verschiedenster Weise Ausdruck. Man gab ihr gern die Wendung: tutor principaliter datur personae et secundario, per consequentias, patrimonio pupilli [1]); oder, wie im vorigen Jahrhundert des öfteren: tutela est officium educandi pupillum eiusque iura tuendi [2]). Sollte der Gegensatz betont werden, so schloss man sich dem Gothofredus an: tutor datur rei secundario, personae principaliter et primario; curator datur rebus principaliter, secundario personae, was man häufig auf die kurze Formel brachte: „tutor personae datur, curator rei."

Unterschieden auf, hält es aber für genügend, den wichtigsten mit anderen in der Formel zusammenzufassen: sunt denique et aliae differentiae. Cuiaz erkennt den Unterschied an, zählt ihn aber unter den differentiae (l. 17 cap. 7) nicht auf; ebenso Noodt (ad l. 26 tit. 1), Ludewig Differentia juris Romani et Germanici in tutelis (1720) No. 5.

1) cf. Montanus, cap. IV, § 18; Faber, Jurisprudentiae Papinianae scientia, illatio II: tutor personae datur, non bonis nisi per consequentiam; Vinnius ad p. 3 J. I, 14.

2) Beyer: de hodierna tutorum et curatorum differentia [a. 1703] § 2. Hoheisel: Schediasma § 2 [a. 1736].

Noch Montanus war von der Unumstösslichkeit dieser Ansicht so fest durchdrungen, dass er die Vertreter der entgegengesetzten Meinung, deren es freilich nur wenige gab, nicht einmal einer Widerlegung würdigte und die Behauptung: „tutor primario rei, secundario personae datur" ohne weiteres verwarf. Neben der Definition des Servius, in welcher man die Worte „ad tuendum" mit Vorliebe auf den körperlichen Schutz bezog, mussten immer wieder die Worte des Marcian den Beleg liefern, und wenn es richtig ist, dass der Spruch bei den römischen Juristen eine „regula per manus tradita" gewesen, so trifft dies sicher in höherem Masse für die Gelehrten der späteren Zeit zu, welche den Satz zum Schlagwort machten, um ihn immer von neuem für ihre Ansicht in's Feld zu führen[1]). Der Grundfehler war, dass man die Worte aus ihrem Zusammenhange löste. Damit verstiess man gegen ein Grundgesetz jeder Interpretation, da der Sinn der Worte nur aus ihrer Stellung ermittelt werden kann, gegen die Warnung des Celsus [l. 24 de leg. 1, 3]: Incivile est, nisi tota lege perspecta, una aliqua particula eius proposita iudicare vel respondere.

Der Satz tutor personae, non rei vel causae datur kommt in den Gesetzen Justinians zweimal vor; einmal in den Institutionen und dann in den Pandekten und beide Male in dem Titel, welcher von der tutela testamentaria handelt.

Die Stellen lauten:

Certae autem rei vel causae tutor dari non potest, quia personae, non causae vel rei datur. (§ 4 J. qui dari tut. testam poss. I, 14).

Ferner:

Ulp. Certarum rerum vel causarum testamento tutor

---

1) Noch Thibaut stand ganz auf dem alten Standpunkt.

dari non potest nec deductis rebus (l. 12 de testament tutela 26, 2);

Pompon. et si datus fuerit, tota datio nihil valebit (l. 13),

Marcian. quia personae non rei vel causae datur (l. 14).

Ulp. Si tamen tutor detur rei Africanae vel rei Syriaticae, utilis datio est: hoc enim iure utimus (l. 15).

Unser Satz dient also zur Begründung des anderen, dass im Testamente für eine bestimmte Sache oder ein bestimmtes Rechtsverhältnis ein tutor nicht bestellt werden kann.

Fasst man nun den Sinn der Worte dahin, dass der tutor für die Person zu sorgen habe, so bleibt unerklärt, warum er gerade für eine bestimmte Sache nicht bestellt werden kann, wohl aber für das ganze Vermögen[1]).

Auch liegt die Frage nahe, ob denn die res Syriatica oder die res Africana für eine Person und nun gar für eine der Erziehung bedürftige Person zu erachten sei[2]).

Um diesen Widersprüchen zu entgehen, hat man sich seit der Glosse mit der Unterstellung beholfen: der tutor könne nur dann in gehöriger Weise für die Person Sorge tragen, wenn ihm die Verwaltung des ganzen Vermögens zustände[3]). Die Haltlosigkeit dieser Behauptung folgt aus der Thatsache, dass die Römer die Sorge

---

1) datus autem tutor ad universum patrimonium datus creditor (§ 7 J. de excus I, 25).

2)' Löhr: Von Tut. u. Kur. l. c. S. 20, Anm. 3.

3) Faber meint: bona tamquam minus digna solent sequi personam tamquam digniorem [l. c. illatio II]. Vinnius sagt: Si personae pupilli consulendum est, necesse est, ut non tantum personae et moribus pupilli, sed etiam rebus eius tutor praeponatur [l. c. ad § 3 J. I, 14].

für die Person und die für das Vermögen regelmässig in verschiedene Hände gelegt haben.

Man setzt sich aber auch mit dem Sprachgebrauch in Widerspruch, wenn man die Worte tutor personae datur auf die persönliche Pflege bezieht.

Zwar bezeichnet „persona" des öfteren den Menschen als physisches Wesen, so dass selbst Sklaven bisweilen unter die Personen gerechnet werden [1]).

Regelmässig aber ist diese Bedeutung nicht. Vielmehr ist mit persona in der Regel der Mensch in seiner Eigenschaft als Rechtssubjekt gemeint. In diesem Sinne sagt Theophilus von den Sklaven, sie seien ἀπρόσωποι [2]).

Die Sorge vollends für das leibliche und geistige Wohl eines Menschen wird nicht durch das blosse „persona", sondern durch Ausdrücke wie corpus und salus bezeichnet [3]).

§ 2.

Findet somit die Auffassung, der tutor habe für die Person des Unmündigen Sorge zu tragen, weder im Zusammenhange noch im Sprachgebrauche eine Rechtfertigung, so steht sie mit dem Wesen des Institutes, so wie es sich aus den Quellen ergiebt, geradezu in Widerspruch.

Schon die zwölf Tafeln enthalten in dem durch Ulpian überlieferten Fragmente den Ausspruch:

---

1) So in l. 22 de R. J. 50, 17, wo es heisst: In personam servilem nulla obligatio cadit. Ferner l. 215 de V. S. 50, 16. Weitere Fälle bei Brissonius, De verborum significatione s. v. persona.

2) Theoph. ad pr. J. de stip. servor. I, 3: Οἱ οἰκέται ἀπρόσωποι ὄντες ἐκ τῶν προσώπων τῶν οἰκείων δεσποτῶν Χαρακτηρίζονται; d. i.: sie nehmen ihren Charakter, ihre Persönlichkeit aus der ihres Herrn. cf. Dernburg, Pand. I, § 49, Anm. 1.

3) So l. 7 de curat. fur. 27, 10. Vgl. auch l. 47 de ritu nupt. 22, 2. cf. Zöpfl, Vergleich der röm. Tutel mit der heut. Vormundschaft (1828), § 4, S. 7.

Ulti legassit super pecunia tutelave suae rei, ita ius esto [1]).

Die vielen Aenderungen, welche mit diesem Satze vorgenommen, und die verschiedenen Deutungen, die ihm zu teil geworden, zeigen, wie unbequem die Worte „suae rei" den Anhängern der besprochenen Ansicht waren. Bald half man sich durch andere Interpunktion [2]), bald änderte man willkürlich suae rei in sui heredis [3]) oder in ein einfaches sua [4]), und sehr beliebt war die Auffassung, dass die beiden Worte weder in den zwölf Tafeln noch bei Ulpian vorkamen, sondern aus der Feder eines Rechtsbeflissenen stammten, welcher „suae rei" einer anderen Stelle entlehnt und an den Rand geschrieben hatte [5]).

Diejenigen, welche suae rei beibehielten, verstanden darunter „omnem domum", „quidquid ad patrem familias pertinet" oder rechneten gar die filii familias zu den res mancipi [6]).

In Wahrheit wollen die Worte m. E. nur besagen: Die Bestimmungen des Testators bezüglich der Tutel über sein Vermögen sollen Rechtens sein.

Dass von einer Tutel über Sachen die Rede ist, hat für eine Zeit, wo die Erhaltung des Familiengutes wesentlicher Bestandteil aller Vormundschaft war, nichts Besonderes.

Es ist zwar richtig, dass im Laufe der Entwickelung der Schwerpunkt der Tutel ein anderer wurde,

---

1) s. Dirksen, die XII Tafeln (cap. 11, tab. V, fr. 3).
2) Seger: uti legassit super pecunia tutelave, suae rei ita ius esto.
3) Hotmann, observat. lib. 9, c. 10.
4) tutela sua gleich tutela suorum nach Paulus in l. 53 de V. S. 50, 17.
5) Noodt, comment. cap. 19, ad tit. 2, lib. 26; u. a.
6) So Bynkershoek, s. Seger l. c.

dass insbesondere der tutor muliebris des klassischen Rechtes überhaupt nichts mit der Vermögensverwaltung zu schaffen hatte[1]): Niemals aber, auch nicht im Justinianischen Recht, ist die Sorge für die Person Hauptaufgabe des tutor gewesen.

Man pflegt diese angebliche Fürsorge und damit die Worte tutor personae datur auf eine der patria potestas gleichkommende Machtstellung des tutor zurückzuführen. Diese Vorstellung ist sehr alt: sie liegt bereits der Scholie zu grunde[2]); sie findet sich bei Montanus[3]), Noodt[4]); auch Glück [Bd. 28 l. c.] verficht sie; Schweppe verteidigt sie in seinem „Magazin" [l. c. S. 100], und Neuere reden von einer sittlich beschränkten potestas[5]).

Es ist jedoch zu bedenken, dass die patria potestas ein unbedingtes und nur durch die mildere Anschauung späterer Zeiten begrenztes Recht über die Person gewährte, was mit den Begriffen „caput liberum" und „homo sui iuris" nicht vereinbar ist. Dass dem tutor eine vis ac potestas zugeschrieben wird, giebt zu der

---

1) Mulierum tutores auctoritatem dumtaxat interponunt [Ulp. XI, § 25].

2) Die Scholie bemerkt zu den Worten: tutor personae datur — excipe tutorem a matre datum; hic enim rebus, non personis datus videtur: nämlich, weil die Mutter keine patria potestas übertragen könne. Eine patria potestas wird aber auch vom Vater nicht übertragen.

3) M. zieht aus dieser „patria" potestas sonderbare Konsequenzen: ein Laie könne nicht einem „clericus" zum Vormund bestellt werden, „quia laïcus non potest habere patestatem in personam clerici"; ein Jude nicht einem Christen; und doch sagt Modestin gerade das Gegenteil in l. 15, § 6 de excus. 27, 1.

4) „Inde libera est persona minoris, pupilli non est." [l. c.] Und doch heisst es in der Definition: potestas in capite „libero"!

5) Schrader, ad § 1 J. de tut. I, 13. Pernice, Labeo, I. S. 184 fg.

Analogie kein Recht. Vis ac potestas ist nicht gleichbedeutend mit „violenta" potestas, wie Accursius meint. Die Worte kommen in dieser Zusammenstellung häufig vor. Eine Wiedergabe mit „violenta" potestas wird kaum jemals ein befriedigendes Resultat ergeben; hier ebensowenig, wie etwa in l. 17 de leg. 1, 3, wo Celsus sagt: Scire leges non hoc est verba earum tenere, sed „vim ac potestatem".

Potestas hat einen allgemeinen Sinn und heisst Macht. Diese Macht kann mehr oder minder gross sein: sie kann die Person in ihrer Totalität oder aber nur in gewissen Beziehungen erfassen. Da nun Paulus bei der Nennung derjenigen Arten von potestas, welche sich auf die Person im Ganzen erstrecken, die potestas tutoris nicht erwähnt [1]), so sind wir nicht berechtigt, zu der patria potestas und der potestas dominica eine analoge potestas tutoris hinzufügen.

Die Macht des tutor reicht vielmehr nur soweit, als er durch Einlegung oder Versagung der auctoritas im stande ist, auf die Rechtsverhältnisse des Mündels einzuwirken. Diese auctoritas aber kann nimmermehr als ein Ausfluss der patria potestas oder gar als Analogie zu ihr gelten [2]); denn der Vater war niemals fähig, den Willen des unmündigen Kindes durch seine auctoritas zu ergänzen [3]).

Trotz dieser Grundverschiedenheit mag man einen Vergleich zwischen tutela und patria potestas immerhin gelten lassen für eine Epoche, wo die tutela noch als ein Recht der Agnaten betrachtet wurde, welches dazu diente, ihr eventuelles Erbe zu sichern. Mit der Zeit aber verwandelte sich dieses Recht in ein beschwerliches und mit Pflichten durchsetztes munus. Zu Cicero's

---

1) l. 215 de V. S. 50, 16.
2) Schweppe, l. c. VII, S. 100.
3) § 10 J. de inutil. stip. 3, 19.

Zeiten war so wenig von dem alten Rechte übrig, dass er sagen konnte: tutela ad utilitatem eorum, qui commissi sunt, non ad eorum, quibus commissa est gerenda est [1]).

Fällt aber die Voraussetzung, so fallen auch die Konsequenzen. Ohne die Annnahme einer Art patria potestas verliert die Behauptung, die Macht des tutor erstrecke sich auf die persönlichen Verhältnisse des Mündels, ihre Grundlage.

Denn aus den Worten der Definition: „ad tuendum eum, qui sponte se defendere nequit" ist eine Pflicht des tutor, den Pflegebefohlenen „gegen Injurien" zu schützen[2]), nicht herzuleiten. Diese Worte mögen auf die vermögensrechtliche Vertretung, nicht aber auf den körperlichen Schutz bezogen werden:

Was nun das angebliche Erziehungsrecht betrifft[3]), so liegt dieses in der That gar nicht beim Vormund, sondern, wie die Quellen hervorheben, in der Hand der Mutter[4]), und, wenn sie tot ist oder nicht geeignet erscheint, bei den anderen Verwandten, und wenn zwischen ihnen Streit entsteht, so entscheidet der Prätor über Recht und Pflicht der Erziehung[5]).

Häufig genug mag da seine Wahl auf einen anderen als den tutor legitimus gefallen sein, da dieser der nächste Erbe und ex spe successionis am Tode des

---

1) Cicero de offic. 1, 25; cf. Zöpfl l. c. § 9; Le Fort, Essai historique de la tutelle en droit romain p. 44, La patria potestas, inhérente au paterfamilias, ne peut être transférée.

2) Ludewig, l. c.; Thibaut § 806 u. a.

3) Ad curam personae tria pertinent: educatio pupilli, institutio, defensio. (Donellus, lib. 15, cap. 19, 8.)

4) l. 1. C. ubi pupill. educ. 5, 49.

5) tit. dig. 27, 2: Ubi pupillus educari vel morari debeat. Uebrigens wird die Obrigkeit nur auf Anrufen thätig, nicht selbständig, wie Burchardi, Thibaut u. a. meinen. So entwickelt war die römische Obervormundschaft nicht.

Mündels interessiert war[1]). Die Erziehungspflicht nun gar als wesentlichen Bestandteil der Tutel hinzustellen, scheint völlig verfehlt; man braucht nur an den Geschlechtsvormund zu denken, der zwar zu Justinians Zeit nicht mehr existirte, der aber doch auch ein „tutor" war und mit dem persönlichen Wohlergehen seines Mündels überhaupt nichts zu schaffen hatte[2]).

Kann somit von einem Erziehungsrecht des tutor nicht die Rede sein, so geht doch Zöpfl zu weit, wenn er dem ordentlichen Pupillentutor jede Einwirkung auf die persönliche Entwickelung abspricht[3]). Seine Erklärung der l. 12, § 3 de administr. 26, 7: „cum tutor non rebus dumtaxat, sed etiam moribus praeponatur...", in welcher er das „cum" nicht kausal fasst, sondern mit „für den Fall dass[4])" wiedergiebt, erscheint wohl nicht überzeugend.

Die angeführte Stelle hat das Schicksal gehabt, auch den Anhängern der von Zöpfl bekämpften Ansicht zu missfallen. Denn sie enthält einen ersichtlichen Widerspruch mit der Meinung, der tutor werde in erster Linie der „Person" und erst in der Folge dem Vermögen bestellt.

Faber macht vergebliche Vereinigungsversuche[5]), und der Glossator Hugo ist naiv genug, dem Paulus Irrtum vorzuwerfen, indem er zu der Stelle bemerkt: „immo personae primo"!

---

1) l. 1, § 1 ubi pup. ed. 27, 2: Id enim agere praetorem oportet, ut sine maligna suspicione alatur partus vel educetur. cf. 1. 3, § 1 de tut. 26, 1; l. 2 C. ubi pup. ed. 5, 49.
2) Mulierum tutores auctoritatem dumtaxat interponunt (Ulp. fr. XI, § 25).
3) Zöpfl: Vergleichung der röm. Tutel und cura etc. § 5, S. 17.
4) Zöpfl: l. c. § 5, S. 18, Anm. 12.
5) Faber, l. c., illatio III: ... namque et rebus et moribus pupilli praeponitur, quia personae datur, cuius et moribus et rebus consulendum est.

Auch bei Würdigung dieser Stelle ist von der Regel auszugehen, dass Extreme zu vermeiden sind.

In soweit der tutor dafür zu sorgen hat, dass dem Mündel die rechte Erziehung werde, in soweit ist er moribus pupilli praepositus. Wie es ihm obliegt, die Kosten der körperlichen und geistigen Ausbildung aus dem Mündelvermögen zu bestreiten, so hat er auch ein wachsames Auge auf dem zu halten, in dessen Obhut sich der Pflegling befindet. Nicht also die educatio selbst, wohl aber die cura educationis ist seines Amtes[1]).

Dass diese immerhin geringfügige Aufsichtsbefugnis, welche in den Quellen gar nicht des weiteren ausgeführt wird, kein Recht giebt zu der Auslegung, der tutor habe in erster Linie für die Person zu sorgen, liegt auf der Hand.

§ 3.

Aber auch der Gegensatz zur cura, welchen man auf Grund dieser Interpretation annahm, findet keinen Anhalt. Die klingende Formel: „Tutor personae datur, curator rei" erfreute sich in früheren Jahrhunderten grosser Beliebtheit. Man verhehlte sich zwar nicht, dass gerade die wichtige cura furiosi mit persönlicher Pflege verbunden war[2]). Sollte also die Regel gelten, so musste man sich zu dem Geständnis bequemen, dass der curator furiosi eine Ausnahme mache. So auch Faber[3]), der die ceteri curatores — nämlich abgesehen vom curator furiosi — dem tutor gegenüberstellt.

Aber auch mit dieser Beschränkung wird sich der Satz kaum halten lassen. Denn ob nicht dem curator

---

1) cf. Gesterding: Von der Sorge für die Person u. die Erziehung des Mündels etc. (Ausbeute II).
2) l. 7 pr. de curat. 27, 10.
3) l. c. illasio II.

minoris¹) oder doch wenigstens dem 'für die gesamte Vermögensverwaltung bestellten curator pupilli ähnliche Rechte bezüglich der Person des Pfleglings zustanden, wie dem tutor, kann bei der Annäherung, welche die cura und tutela im Justinianischen Rechte erfahren haben, zum mindesten zweifelhaft sein.

Die Ansicht des Montanus²): Nec curatores minorum debent negligere institutionem et gubernationem minorum et morum, qua pubes minor re vera maxime indiget, ist daher nicht ohne weiteres von der Hand zu weisen.

Wie dem aber auch sein mag, der angebliche Gegensatz ist im Principe durchbrochen, sobald zugegeben werden muss, dass er für den curator furiosi nicht zutrifft. (l. 7 pr. de curator. fur. 27, 10.)

Das scheint man übersehen zu haben. Wenigstens findet sich in de Meyers preisgekrönter Schrift³) unter den „spuriae differentiae" nicht der Satz:

Tutor primario personae datur, curator rei.

II.

§ 4.

Seit die Ansicht, dass das Wesen der tutela allein in der auctoritatis interpositio zu finden sei, durch die glänzende Beweisführung Löhrs zur herrschenden geworden, hat die alte, so einmütig verfochtene Interpretation der Worte: tutor personae, non rei vel causae

---

1) cf. Löhr: Tutel u. Kuratel, l. c. S. 24. Das Recht, zur Eheschliessung der pupilla seinen consensus zu erteilen, stand dem curator freilich nicht zu: l. 20 de ritu nupt. 23, 2. Ebensowenig konnte er die Ehe für die pupilla lösen: l. 4 de div. 24, 2. So auch heute, vgl. Rg. Bd. 6, No. 41, S. 158.

2) l. c. cap. 29, § 10.

3) l. c. § 4, S. 18.

datur keinen nennenswerten Vertreter gefunden. In der weiteren wissenschaftlichen Behandlung der Frage herrscht im ganzen Einigkeit darüber, dass bislang ein Irrtum obgewaltet; aber bei dem Suchen nach dem wahren Sinne spalteten sich die Meinungen. Sagt der Satz überhaupt etwas über das Wesen der Tutel? Bezieht er sich auf alle ihre Arten? Liegt in ihm ein Gegensatz zur cura? — Das waren Fragen über die man sich nicht verständigen konnte.

Als eine Art Reaktion auf die frühere Ansicht ist es zu betrachten, wenn in dem Satze: tutor personae, non rei vel causae datur, nunmehr keine Aussage über die Person, sondern über das Vermögen des Mündels gefunden wird. Man übersetzt:

„Einer bestimmten Sache kann im Testamente ein Vormund nicht bestellt werden, weil er nur für das ganze Vermögen, nicht für eine einzelne Sache bestellt wird."

So hat Seger sich zu helfen gesucht: „tutor personae datur, id est universae rei", und seinem Vorgange sind viele gefolgt [1]).

Was aber berechtigt dazu, „personae" mit „ganzem Vermögen" zu übersetzen? Der Umstand, dass es der Zusammenhang zu verlangen scheint, kann doch nicht dazu führen, dem Worte einen Sinn unterzulegen, den es niemals hat. Man beruft sich darauf, dass dem § 17 J. de excus. I, 25 der gleiche Sinn zu grunde liege, wo es heisst: „Datus autem tutor ad universum patrimonium datus creditur." Nun, wenn die Kompilatoren an dieser Stelle dasselbe hätten sagen wollen, so ist nicht abzusehen, warum sie nicht die gleichen Worte gebraucht haben.

---

[1]) Z. B. Löhr, l. c. S. 19; Zimmern: „id est ad universum patrimonium". Rechtsgeschichte § 234.

Die Bedeutung des Wortes persona ist zu beachten. Persona heisst der Mensch entweder als physisches Wesen — was hier nicht zutrifft, wie oben gezeigt ist — [1]) oder als Rechtssubjekt und bezeichnet in diesem Sinne seine Fähigkeit, Mittelpunkt von Rechten und Pflichten zu sein. Ueber den Umfang dieser Rechte und Pflichten ist in dem Worte nichts enthalten, und es ist willkürlich, wenn de Schroeter erklärt: „persona" autem omnium cuiusdam iurium complexum, omnia cuiusdam bona denotat [2]).

§ 5.

Es bilden sich aber auch dem Sinne nach bei dieser Uebersetzung Schwierigkeiten und Widersprüche, welche sich nicht beseitigen lassen. Dass man sie mit der Erklärung abthut, unser Satz sei nur eine historische Reminiscenz, eine Regel, welche in die Pandekten nicht mehr hineinpasst [3]), ist ersichtlich nur ein Notbehelf, und so wahrscheinlich es ist, dass Marcian den Satz nicht selbst erfunden hat, so muss man doch auf eine gewaltig frühe Zeit zurückgreifen, um allen Widersprüchen zu entgehen. Denn die Behauptung, dass der tutor für das ganze Vermögen bestellt werde, findet keine Anwendung auf die tutores speciales, welche eben nur für einzelne Angelegenheiten bestellt wurden und schon in den älteren Zeiten der Republik Bedeutung haben [4]).

So sieht denn Rudorff den Grund des Satzes in dem Zweck der alten Agnatentutel, „Konservierungs-

---

1) cf. oben § 1.
2) de Schroeter: de nexu tutelae et iuris succedendi (1820), § 22.
3) Schrader, notae ad § 4 J. I, 14. cf. Rudorff, l. c. I, § 37, S. 290.
4) Rudorff, l. c. § 54, S. 389, hält es für nicht unwahrscheinlich, dass der tutor praetorius ad litem vor der lex Atilia bestand!

mittel des Erbrechts" zu sein: ein Zweck, der nach seiner Ansicht nur erreicht werden konnte, wenn der tutor agnatus Herr des ganzen Vermögens war. Dieser Grund hat vielen Schein für die tutela legitima. Für den tutor testamentarius trifft er sicher nicht zu und ebensowenig für den von der Obrigkeit gesetzten Vormund.

Auch ist nicht recht verständlich, warum die Compilatoren in ihre Gesetze einen Spruch hätten aufnehmen sollen, der für ihre Zeit nicht mehr passt.

Soll daher die Behauptung, dass der tutor nur für das ganze Vermögen bestellt werde, auch für die Zeit Justinians gelten, so müssen auch die Argumente aus dem Rechte dieser Zeit geschöpft werden. Da es nun aber Tutoren gab, deren ganzes Amt in einer einmaligen auctoritatis interpositio bestand, so kann jene Behauptung in ihrer Allgemeinheit nur dann gehalten werden, wenn man die tutores speciales entweder als „Ausnahmen" betrachtet — und das ist ein missliches Auskunftsmittel — oder aber ihre Existenz für das Justinianische Recht überhaupt in Frage stellt. So wird denn in der That aus den Worten der Institutionen: certae rei tutor non datur, welche sich nur auf die tutela testamentaria beziehen, wie die entsprechende Stelle in den Pandekten ergiebt [1]), ganz allgemein gefolgert, dass der tutor specialis verschwunden und an seine Stelle regelmässig ein curator getreten sei [2]).

Nun ist ja nicht zu verkennen, dass der Zug der Entwickelung dahin drängte, die beiden Institute der Vormundschaft mit einander zu verschmelzen. Das altcivile Recht der tutela machte mehr und mehr der erst in der klassischen Zeit ausgebildeten cura Platz. Denn

---

1) certarum rerum vel causarum „testamento" tutor non datur.
2) Schweppe, jur. Mag. VIII; Keller, Pand. § 423; Pernice, Labeo, I. 9.

da die Stellvertretung des Vormunds sich mit der Zeit zu einer freieren gestaltet hatte, als es auf anderen Rechtsgebieten der Fall war, so war die auctoritatis interpositio bei weitem nicht mehr so oft von nöten wie vordem.

Die actiones utiles, welche der Mündel bekam, wenn der Vormund an seiner Statt Geschäfte schloss, machten vielfach das persönliche Handeln des Unmündigen überflüssig, und von den sollemnia negotia, bei denen er selber thätig werden musste, hatten sich nur wenige aus der klassischen Zeit in die Epoche Justinians herübergerettet. An die Stelle der legis actiones und des Formularprocesses war der formlose, durch unmittelbare Vertreter zu führende Process der späteren Kaiserzeit getreten; der tutor, welcher der Frau gegeben wurde ad dotem dandam vel promittendam, hatte sich in einen curator verwandelt, und auf Schritt und Tritt finden sich in Pandekten und Codex Interpolationen, welche der neueren Entwickelung Rechnung tragen.

Interessant ist in dieser Beziehung l. 5 C. de in litem dand. 5, 44, welche einen unbeabsichtigten Einblick in die Thätigkeit der Compilatoren gewährt[1]).

Hier ist für denselben Vormund, der einmal „curator" heisst, das andere Mal „tutor" stehen geblieben. In anderen Stellen findet sich die Aenderung konsequenter durchgeführt: so in l. 3, § 2 de tut. 26, 1, wo Ulpian von einem curator ad litem redet, während er doch in seinen Fragmenten nur einen tutor ad litem kennt[2]).

Trotzdem ist der tutor specialis bei Justinian nicht beseitigt.

---

1) Si qua emerserit lis, curatore ad litem constituto, et sollemnitati iuris, ubi tutor (!) exigitur, et indemnitati utriusque rospici potest.

2) Ulp. fr. XI § 24; cf. l. 1 C. de in lit. dand. 5, 44; l. 24 de testam. tut. 26, 2.

Die hereditatis aditio und die Stipulation erfordern nach wie vor ein persönliches Handeln des Unmündigen, verbunden mit der auctoritatis interpositio des Vormunds [1]). Es ist daher in diesen Fällen, falls der ordentliche Vormund verhindert oder falls er nicht tutor, sondern curator ist, ein tutor specialis zu bestellen.

Ist er bei den angeführten Geschäften notwendig, so ist er bei anderen wenigstens nicht ausgeschlossen, worauf schon der Digestentitel hinweist: De tutoribus et curatoribus .... et qui et a quibus specialiter dari possunt; und notwendig ist er überall da, wo der Unmündige persönlich Verpflichtungen eingeht [2]).

§ 6.

Mit der Existenz eines tutor specialis ist bewiesen, dass die Meinung, der tutor werde für das ganze Vermögen bestellt, in dieser Allgemeinheit falsch ist.

Die besprochene Auslegung der Worte tutor personae datur konnte nur dadurch gerettet werden, dass man sie auf die tutela testamentaria beschränkte [3]).

Damit aber war zugegeben, dass die citierten Worte nichts anderes besagten, als der Satz, welchen sie begründen sollten: certae rei tutor „testamento" non datur.

Es blieb daher die Frage offen: worin besteht denn nun der Grund dieses Satzes?

---

1) l. 9 de tut. et cur. 16, 5: Impuberi ad hereditatem adeundam ut tutor detur, ex causa permissum est.
2) l. 3 C. de in lit. dand. tut. 5, 44: „Ad protegendam causam tutor datus" (a. 224); l. 4 eod: „ad litem tutor datus" (a. 265). l. 21, § 2 u. 4 de excus. 27, 1: „Habenti ergo tutorem tutor datur, sed aliarum rerum, non earundem". l. 11 C. eod. 5, 62. Andere Stellen bei Schrader l. c. ad § 4 J; vgl. Rudorff, § 52 bis § 55.
3) Heimbach, bei Weiske unter „cura". Löhr, l. c. Puchta, Miscellen, Rhein. Museum II S. 382.

Man fand ihn in dem Zusammenhange der tutela mit dem Erbrechte, welcher seit Alters und, wie die Quellen ergeben[1]) auch zur Zeit Justinians noch bestand[2]).

Wie es keinen heres ex certa re gab, so konnte es auch keinen tutor testamentarius ad certam rem geben. Der Grundsatz: nemo pro parte testatus, pro parte intestatus decedere potest, bezog sich ebensowohl auf die Ernennung eines tutor wie auf die Einsetzung eines Erben.

Die Zulassung eines tutor ad certam rem hätte eine Abweichung von dem Principe der Universalsuccession bedeutet: denn wenn ein Auseinderfallen der Erbschaft verhütet werden sollte, so musste auch dafür gesorgt sein, dass ihre Verwaltung eine einheitliche würde. So konnten zwar mehrere tutores ernannt werden: die gestio konnte in verschiedenen Händen ruhen; das ius tutelae aber und die Verantwortlichkeit hatten alle in solidum[3]). Justinian hat freilich von diesem Principe erhebliche Ausnahmen zugelassen, wie die l. 15 D. 26, 2 zur Genüge beweist:

Si tamen tutor detur rei Africanae vel Syriaticae, utilis datio est hoc enim iure utimur.

Um diese Stelle unschädlich zu machen, hat man wohl behauptet, es handle sich hier nicht um das Recht

---

1) l. 6 de legit. tut. 26, 4; l. 73 de V. S. 50, 17.
2) cf. Glück, Bd. 28 S. 440 ff. § 1298; Löhr, l. c. S. 20 § 4. Auf die tutoris datio fanden viele Regeln der Erbeseinsetzung Anwendung: Vor Constantin musste sie stattfinden direkt und in befehlender Form (Gaius II § 289); das S. C. Libonianum fand auch auf die tutoris datio Anwendung; zu Tutoren können im Testamente nur solche ernannt werden, cum quibus testamenti factio est. Andrerseits sind Regeln der Legate auf die tutoris datio ausgedehnt: sie kann suspensiv und resolutiv erfolgen, unter einem dies ad quem und dies a quo. § 2 J. qui test. I, 14.
3) l. 3 § 2 de admin. 26, 7. l. 2 § 3 C. de divid. tut. 5, 52.

der tutela, sondern um eine blosse Teilung der Administration [1]).

Indes wo die Quellen so deutlich reden, hat die Interpretation zu schweigen. Der Satz stellt eben eine Ausnahme fest, wie es der Jurist ausdrücklich hervorhebt: „hoc enim iure utimur" — „so ist es einmal bei uns Rechtens." Und dass es so Rechtens wurde, war nur natürlich. Denn als die römischen Privatleute Besitzungen in weit entlegenen Gegenden, in Afrika und Syrien erhielten, wäre das onus tutelae übermässig gesteigert worden, wenn man dem einen tutor die Verantwortung für die Verwaltung so entfernt liegender Güter hätte aufbürden wollen. Aus Gründen der Opportunität wurde daher dem Testator das Recht gegeben, von dem Grundsatze: tutor certae rei non datur testamento in diesem Falle abzuweichen [2]).

Der Zusammenhang der tutela mit dem Erbrechte ist um deswillen geleugnet worden, weil die Einsetzung eines heres ex certa re giltig sei deducta rei mentione, während die Einsetzung eines Vormunds ad certam rem vel deductis rebus Nichtigkeit zur Folge habe [3]).

Dabei wird übersehen, dass zwei Institute dieselbe Ursache, aber verschiedene Wirkung haben können. Denn der präsumptive Wille des Erblassers ist in beiden Fällen ein verschiedener. Bei der Einsetzung eines

---

1) Glück, Bd. 28 § 1298; Rudorff I S. 292, § 37. II S. 239 ff. § 110.

2) Dadurch ist nicht ausgeschlossen, dass der Testator auch eine blosse Teilung der Administration vornehmen konnte: s. l. 14 § 1 de solut. 46, 3, l. 3 pr. u. § 1 de adm. et per. 26, 7; besonders Vat. fragm. § 229: Lucio Titio filio meo tutores do Lucium et Gaium, a quibus peto, ut tutelam liberorum meorum gerant, ita ut ea quae in Asia reliquero, Lucius, ea autem quae in Italia, Gaius administret. (Rud. S. 293).

3) Rudorff I, S. 290.

heres ex certa re geht er dahin, den Eingesetzten zum Erben zu machen: diesem Zwecke fällt die beschränkende Klausel (ex certa re) nach Massgabe des Princips der Universalsuccession zum Opfer.

Anders bei der Ernennung eines tutor. Hier ist die Absicht, dem unmündigen suus einen tüchtigen Verwalter zur Seite zu stellen. Beschränkt also der Erblasser die Funktionen des tutor ad certam rem oder deductis rebus, so geschieht es regelmässig im Interesse des Mündels, weil der Erblasser in die Fähigkeit des Vormunds zur Verwaltung der ausgenommenen Güter Zweifel setzt. Was soll aber mit diesen Gütern geschehen? Oder sollte der Unfähige doch die Verwaltung derselben erhalten [1])?

So erklärten denn die Römer die Ernennung eines tutor ad certam rem lieber für nichtig, als dass sie, unter Gefährdung der Mündelgüter, den tutor, wie einen heres ex certa re, zum Herrn des ganzen Vermögens machten.

Hatte man bedacht, dass die tutela in erster Linie eine Pflicht, die Erbschaft aber ein Recht ist, so würden die entgegengesetzten Wirkungen einer fehlerhaften institutio ad certam rem nicht nur erklärlich, sondern selbstverständlich erschienen sein.

Finden somit die Worte certae rei (testamento) tutor non datur ihren tieferen Grund in dem Zusammenhange der tutela mit der Universalsuccession, so wird doch damit der andere Satz: quia personae, non rei vel causae datur nur für diejenigen erledigt sein, welche den Sinn beider Aussprüche für identisch halten.

Es heisst aber, den römischen Juristen wenig Scharfsinn zutrauen, wenn man sie im Kausalsatze nichts anderes sagen lässt als in dem zu begründenden. Selbst

---

1) Vgl. aber auch Faber l. c. illatio III.

wenn man in unserem Satze nicht sowohl einen Grund sieht als vielmehr ein Zurückgreifen auf ein altes Rechtssprüchwort[1]), so ist doch einzuwenden, dass es höchst unverständig wäre, dem Leser da mit Tautologien zu kommen, wo er eine Begründung erwartet.

Auch der äusserliche Umstand, dass sich unser Satz in dem Titel findet, welcher über die testamentaria tutela handelt[2]), kann seine Beschränkung auf diese nicht rechtfertigen.

Nichts ist einleuchtender, als dass man specielle Sätze durch allgemeine zu begründen, die Grundsätze, welche für die tutela testamentaria gelten, auf die Grundsätze der Tutel überhaupt zurückzuführen sucht. Sollte man der Ueberschrift wegen davon Abstand nehmen?

Es mag daher die Auslegung, dass „der tutor nur für das ganze Vermögen bestellt werde," auf die tutela testamentaria beschränkt oder auf alle Arten der Tutel bezogen werden, immer stösst man auf grammatische und logische Schwierigkeiten, welche nicht zu überwinden sind[3]).

III.

§ 7.

So lange den Worten nicht ihr Recht wurde, musste auf ein richtiges Verständnis ihres Sinnes verzichtet werden.

Diejenigen, welche „persona" mit „ganzem Vermögen" wiedergaben, waren vom Ziele ebenso weit, wie

---

1) Schrader ad § 4 J. l. c.
2) Löhr, l. c. S. 19.
3) Dagegen auch Bethmann-Hollweg, Rheinisches Museum für Jurisprudenz Bd. VI, S. 252 fg.

die, welche unter persona den physischen Menschen verstanden, weil sie das Wesen der tutela nicht erkannten.

Die mancherlei Ansichten, welche neben der herrschenden auftauchten, glauben wir übergehen zu dürfen. Die Auslegung Heimsoeth's, der tutor werde der Person auch dann gegeben, wenn sie kein Vermögen habe, ist zu künstlich und beachtet den Zusammenhang nicht [1]).

Wenn ferner de Schroeter darauf, dass persona an einer Stelle des codex Theodosianus (cap. 1, § 3 eod. Th. 8, 18) die Bedeutung von tutela und ein anderes Mal (cap. 3 eod.) die von potestas habe [2]), die Behauptung gründet, unser Satz könne recht wohl den Sinn haben: „tutor tutelae seu potestati, non rei vel causae datur," so ist diese Auslegung nur eine recht gebrechliche Stütze für die ebenso originellen wie verkehrten Ansichten, welche er über die Tutel entwickelt. Er definiert nämlich (S. 22): „Tutela est potestas, libera plenaque de nostris iubendi facultas, pupillo competens a tutore administrata!"

Wir lassen diese Deutungen bei Seite und folgen dem Hauptstrome der Entwickelung. Erst Savigny lenkte auf den richtigen Weg zurück, indem er dem Worte persona denjenigen Sinn gab, welchen es regelmässig hat und an dieser Stelle nur haben kann: rechtliche Persönlichkeit [3]). „Der tutor", übersetzt er, „wird

---

1) H. (de usufructu accrescendo S. 29 Anm. 6) scheint sich an eine Stelle des Montanus anzulehnen: Nec debet intellegi, quod quidam intellegebant, quod non detur tutor, nisi pupillus habeat pecuniam, cum personae detur, ut dictum est.

2) Uebrigens kommt persona in der Bedeutung von tutela niemals vor. In der Stelle, welche de Schroeter im Auge hat, steht: persona legitima, d. i.: rechtliche Fähigkeit.

3) Savigny, Beruf unsrer Zeit, S. 102 ff.

nicht einer Sache, sondern der Persönlichkeit bestellt," nämlich um ihren mangelhaften Willen zu ergänzen[1]).

Diese durch die Worte gebotene Auslegung ist bisweilen verworfen worden, weil man sie nicht in Einklang bringen konnte mit der l. 15 cit. Hier sei ja — wird geltend gemacht — der tutor nicht der Persönlichkeit, sondern der res Syriatica bestellt!

Es ist jedoch zu beachten, dass die in Frage stehenden Aussprüche von verschiedenen Juristen herrühren, und dass es beiden um ganz verschiedene Dinge zu thun war. Ulpian wollte über das Wesen der Tutel nichts sagen; ihm war nur an der Entscheidung der Frage gelegen, ob nicht unter Umständen im Testamente auch für eine certa res ein tutor bestellt werden könne. Anstatt daher umständlich zu sagen: der tutor kann der Persönlichkeit auch nur in bezug auf die res Africana bestellt werden, sagt er einfach, wenn auch weniger genau: tutor dari potest „rei Africanae".

Marcian aber kam es darauf an, das Wesen der tutela zu charakterisieren. Das thut er in der knappen Form, welche dem Rechtssprüchwort eigentümlich ist:

Tutor personae, non rei vel causae datur.

§ 8

Es ist m. E. zu bedauern, dass Savigny seine richtige Erklärung durch Zusätze getrübt hat, welche das gewonnene Resultat wieder illusorisch machen.

Noch im Banne der alten Auslegung fügt er seiner Erklärung die Worte hinzu: „Diese Fähigkeit" (— die Fähigkeit zu juristischen Handlungen —) „für alle Anwendungen zu ergänzen ist der Hauptberuf des tutor,

---

[1]) Ganz vereinzelt hat bereits Gundling, im Anfang des vorigen Jahrhunderts, in einer kleinen Abhandlung über die auctoritas tutoris diese auf den Satz: tutor personae datur zurückgeführt.

darum muss sich sein Amt allgemein auf alle Teile des Vermögens erstrecken und kann nicht auf einzelne Rechtsverhältnisse beschränkt werden."

Der Vorwurf, dass in diesen Worten eine Unterstellung liege, ist nicht unberechtigt[1]).

Davon dass sich die Aufgabe des tutor auf alle Teile des Vermögens erstrecke, ist bei Marcian nicht die Rede, kann nicht die Rede sein, wie unter II ausgeführt ist. Dieselben Schwierigkeiten, an denen die Früheren gescheitert waren, kehren bei dieser Auslegung wieder. Auch hier spalten sich die Meinungen; auch hier bemühen sich Schriftsteller wie Schrader und Le Fort[2]) vergeblich, in der Geschichte des Institutes eine Begründung zu finden.

In den Worten liegt aber nichts anderes, als was sie besagen: der tutor wird der Persönlichkeit bestellt, nicht einer Sache oder einem Rechtsfall. Der tutor wird auch dann „der Persönlichkeit bestellt", wenn er ihr nur ad litem oder ad hereditatem adeundam beigegeben wird. Denn auch der tutor specialis hat die Aufgabe, die unvollkommene Handlungsfähigkeit zu ergänzen.

Dass diese Ergänzung sich auf einen einzelnen Fall beschränkt, während sie sich sonst regelmässig auf das ganze Vermögen erstreckt, kann nicht in Betracht kommen.

Trotzdem sind viele Savignys Ansicht gefolgt[3]).

Der tutor wird der „ganzen" juristischen Persön-

---

1) Puchta, Miscellen l. c.
2) Essay historique de la tutelle en droit Romain S. 45.
3) Rudorffs Darstellung, als hätte bereits Noodt die Savigny'sche Ansicht, wird durch die Bemerkungen, welche N. zum tit. I lib. 26 macht, nicht gerechtfertigt. Aus diesen Bemerkungen geht vielmehr hervor, dass N. die irrtümliche Auffassung seiner Zeitgenossen teilte.

licheit¹) bestellt; er wird der Persönlichkeit in „allen ihren Beziehungen", der ganzen „ökonomischen Persönlichkeit" bestellt²), sind Ausdrücke, welche häufig wiederkehren.

Man hat eben gezögert, den letzten Schritt zu thun, den man doch thun muss, um konsequent zu sein: man hat gezögert, weil der kausale Zusammenhang nicht gewahrt schien, wenn Marcians Worte auch auf den tutor specialis bezogen würden.

Die Worte: certae rei tutor non datur hielt man für unerklärt, da bei dieser Auslegung in dem Satze mit quia eine Begründung nicht zu liegen schien.

Wir aber meinen: die einzelnen Sätze eines Instituts müssen aus seinem Wesen folgen. Das Wesen der tutela ist in den Worten: tutor personae, non rei vel causae datur kurz und bündig dargestellt. Es hätte langatmiger Ausführungen bedurft um auseinander zusetzen, dass infolge des uralten Zusammenhanges mit der Universalsuccession³) der tutor testamentarius nur für das ganze Vermögen bestellt werden könne, was bei dem von der Obrigkeit bestellten tutor in folge der geschichtlichen Entwickelung anders sei: ein Zurückgreifen auf das Erbrecht und die Geschichte wäre unerlässlich gewesen.

Statt dessen hat sich der Jurist begnügt, in einem kurzen Schlagwort das Wesen der Tutel zu kennzeichnen: „Einer bestimmten Sache wird der tutor im Testamente nicht bestellt, weil er überhaupt nicht einer Sache bestellt wird, sondern der Persönlichkeit".

Eine direkte Begründung ist in diesem Satze nicht enthalten: mittelbar folgt alles aus ihm.

---

1) Vangerow, Pand. § 263.
2) Bethmann-Hollweg, Rhein. Museum VI, S. 221 ff. Keller Pand. § 427, 4.
3) cf. § 6.

§ 9.

Enthält unser Satz, wie es der Fall ist, das Wesen der tutela, so ist damit zugleich die Frage entschieden, ob in ihm ein Gegensatz zur cura zu finden sei.

Dieser wird häufig dadurch verdunkelt, dass die Worte des Marcian mit einer Stelle zusammengebracht werden, welche gar nicht zu ihnen passt[1]).

Einige Titel weiter findet sich in den Institutionen der Satz: curator et ad certam causam dari potest[2]).

Wenn darin überhaupt ein Gegensatz liegen soll, so kann er sich höchstens auf den Vordersatz beziehen:

Certae rei vel causae tutor non datur [sc. testamento]. — Curator et ad certam causam datur. Denn dass ein tutor auch ad certam rem bestellt werden kann, haben wir gesehen.

Da nun aber ein curator im Testamente überhaupt nicht ernannt wird, sondern nur durch die Obrigkeit, so wäre es geraten, die Stelle mit der unseren gar nicht in Verbindung zu bringen und Gegensätze nicht da zu vermuten, wo keine beabsichtigt sein können.

Der Gegensatz ist vielmehr aus unserem Satze selbst zu erklären.

Der curator ist unmittelbar über das Vermögen gesetzt: rei vel causae datur. Der tutor, als solcher, wirkt auf die Vermögensverhältnisse nur mittelbar ein auf dem Umwege durch die Person[3]), indem er ihren Willen durch seine auctoritas ergänzt. Es ist also nicht das ganze Vermögen der certa res gegenüberge-

---

1) So Montanus, cap. 29, § 33; Hellfeld, Comm. § 1298; Schrader, l. c. ad § 3 J. I, 23; Rudorff, l. c. I, § 37; Le Fort l. c. S. 45.
2) Keller, Pand. l. c. u. a. § 2 J. de curat. I, 23.
3) Huschke, Krit. Zeitschr. Bd. V. Heft 2 (1829).

stellt, sondern „Person und „Vermögen" sind die Gegensätze, auf welche es ankommt. —

Fassen wir das Resultat unserer Betrachtung zusammen, so ergiebt sich: Der Satz tutor personae, non rei vel causae datur spricht nicht von einer Sorge des tutor für das leibliche und geistige Wohl seines Mündels. Auch davon, dass der tutor nur für das ganze Vermögen bestellt werden könne, ist in den Worten nichts enthalten, gleichviel ob man sie auf alle Arten der Tutel beziehen oder auf die tutela testamentaria beschränken will. Der Satz kennzeichnet vielmehr das Wesen der tutela: Der tutor wird der Person bestellt, um ihren Willen zu ergänzen; das kann geschehen für alle Fälle, wie für einen bestimmten Fall.

Dass diese Ansicht die herrschende ist, kann bei dem Stande der Litteratur nicht behauptet werden. Böcking führt sie in seinem „Grundriss" an; Sintenis § 145 Anm. 1, Tl. III hat sie angenommen, ebenso Böhlau in seinem Mecklenb. Landr. Bd. II § 111, und soweit die wenigen Bemerkungen, welche Windscheid unserem Satze widmet, es erkennen lassen, vertritt auch er diese Ansicht. § 432, 8, Tl. II.

IV.

§ 10.

Die falsche Auslegung, welche die Worte tutor personae, non rei vel causae datur zur Receptionszeit fanden, bietet ein beredtes Beispiel dafür, wie missverstandene Quellenaussprüche die Entwickelung des Rechts beeinflusst haben.

Der Satz hätte freilich, wenn ihm eine richtige Deutung geworden wäre, der germanischen Auffassung von dem Wesen der Vormundschaft nicht entsprochen. Denn in Deutschland hatte in der That der Vormund von jeher in erster Linie für die Person des Mündels zu sorgen, und die Vorstellung, dass er dem Schutzlosen den Vater zu ersetzen habe, trifft für das deutsche Recht, welches in dem mundium ein mit Rechten und Pflichten durchsetztes Schutzverhältnis sieht[1]), weit eher zu, als für Rom, wo die herrische patria potestas einen Vergleich mit der tutela gar nicht zuliess.

Als nun die Receptionszeit kam, war es für die deutschen Gelehrten eine Genugthuung, in dem römischen Rechte, insbesondre in unserem Satze, für die germanische Auffassung anscheinend eine Stütze zu finden.

Nach wie vor machten daher Reichsgesetze und Statuten die Sorge für die Person zu einer Hauptpflicht des Vormunds. Der Eid, welchen er nach der R. P. O. von 1577, tit. 32 § 1 zu leisten hatte, lautete, „dass er seinen Pflegekindern und ihren Gütern getreulich vor sein, und ihre Personen und Güter versehren und vermehren wolle"; und ältere sowie neuere Partikularrechte huldigen der deutschen Rechtsauffassung, dass der Vormund das Recht und die Pflicht habe, sich „des Mündels und seines Guts zu unterwinden[2])". Die Codificationen der Einzelstaaten — vom alten württembergischen Landrecht[3]) an bis zum bürgerlichen Gesetzbuch für das Königreich Sachsen[4]) — enthalten immer wieder die Bestimmung, dass der Vormund in grösserem oder geringerem Masse für die Person des

---

1) Vgl. indes Heusler Institutionen des deutschen Privatrechts II, S. 480: „Die Munt (war) ihrem Begriffe nach kein Schutzverhältnis im Interesse des Untergebenen sondern Gewalt im Interesse des Hausherrn . . .". Aber weiter unten: „Habe ich mich doch damit in den allerausgesprochensten Widerspruch mit der geltenden Anschauung gestellt."

2) Magdeburger Schöffensprüche I, 8, 5 bei Kraut. Die Vormundschaft des deutschen Rechts (1835) I, S. 289, § 32.

3) Tl. I, tit. 16: „Form eines tutorium oder curatorium."

4) §§ 1921, 1922, 1924, 1983, 1988.

Mündels zu sorgen habe. Die pr. V. O. vom 5. Juli 1875 giebt dem Vormund ein nur durch die Mutter beschränktes (§ 27 u. 28), der code civil (Art. 450) und das badische Landrecht (§§ 450, 509) ein ausschliessliches Erziehungsrecht: was freilich nichts Besonderes hat, da in Frankreich und Baden die Mutter gesetzlicher Vormund ist (C. C. Art. 390; b. L. §§ 394, 395).

Das östreichische Gesetz ist in der alten irrtümlichen Auslegung unseres Satzes so befangen, dass es die Sorge für die Person als das unterscheidende Merkmal der Altersvormundschaft bezeichnet (§ 188). Um so auffallender ist es, dass das Gesetz in § 282 von Kuratoren spricht, welche auch für die Person zu sorgen haben[1]).

Ein Unterschied ist aber in dieser Hinsicht zwischen den verschiedenen Arten der Vormundschaft überhaupt nicht zu machen. Das preussische Recht ist konsequenter; die pr. V. O. kennt keine Art der Vormundschaft, bei welcher die Sorge für die Person ausgeschlossen wäre: reine Realkuratelen giebt es nicht, und selbst die cura absentis ist m. E. mit der Wahrnehmung der persönlichen Interessen verbunden[2]).

Auch die neueren Reichsgesetze und der Entwurf eines bürgerl. Gesetzbuchs für Deutschland statuieren eine weitgehende persönliche Fürsorge. Die Behauptung, dass der Vormund seinen Pflegling gegen Injurien zu schützen habe, trifft für das römische Recht nicht zu[3]): für das moderne Recht findet sie ihren Grund in der Bestimmung des Strafgesetzbuchs, wonach der Vormund selbständig zur Stellung von Strafanträgen berechtigt ist (§ 65).

---

1) cf. Savigny, Beruf. S. 103.
2) cf. Dernburg, pr. Vormundschaftsrecht § 97.
3) vgl. § 1.

Das Reichsgesetz vom 6. Febr. 1875 enthält die vom römischen Recht[1]) abweichende Bestimmung, dass der Vormund zur Heirat des vaterlosen Minderjährigen seine Zustimmung zu geben habe.

Der Entwurf[2]) regelt das Erziehungsrecht des Vormunds im Anschluss an die pr. V. O. Er giebt dem Vormund ein Aufsichts- und Züchtigungsrecht, kehrt somit zum alten deutschen Recht zurück[3]) und beschränkt das Erziehungsrecht des Vormunds nur durch die Bestimmung, dass es das Recht eines Elternteils in Ansehung dieser Sorge nicht berührt. Den andren Familienmitgliedern aber ist — im Gegensatze zum römischen Recht — jeder unmittelbare Einfluss auf die Erziehung entzogen.

§ 11.

Ob die Entwickelung eine andere gewesen wäre, wenn man die Bedeutung unseres Satzes und damit das Wesen der tutela erkannt hätte, kann zweifelhaft sein. Sicher aber hätte man der deutschen Rechtsanschauung Gewalt angethan, wenn in Deutschland die römische auctoritas tutoris eingeführt worden wäre. Denn obschon man nicht mit einer weitverbreiteten Meinung behaupten kann, dass in Deutschland von jeher eine unmittelbare Stellvertretung bestand, so drängte doch das praktische Leben nach einer solchen, und unbestritten (cf. Heusler, l. c. Bd. II, § 168) hat sich seit dem dreizehnten Jahrhundert die Anschauung durchgerungen, dass der Bevormundete durch seinen Vormund unmittelbar berechtigt und verpflichtet werden könne.

Zwischen Unmündigen und Minderjährigen besteht nach deutschem Recht kein Unterschied. Erst der

---

1) vgl. § 1.
2) §§ 1654, 1655; § 1730.
3) cf. Motive, IV, S. 1096, 1238. Kraut, l. c. I, § 34, S. 293 ff.

Sachsenspiegel (I, 42, § 2) macht zwischen solchen, die noch nicht zu ihren Jahren und denen, die noch nicht zu ihren Tagen gekommen, den Unterschied, dass jene einen Vormund haben müssen, diese haben dürfen. Andere Partikularrechte unterscheiden ebenfalls Unmündige und Minderjährige[1]): der Einfluss des römischen Rechts ist unverkennbar; aber das Verständnis für das unterscheidende Merkmal, die auctoritatis interpositio, ist verloren gegangen, und das praktische Recht bedarf ihrer nicht. Daher sprechen zwar die R. P. O. von 1548 tit. 31 § 1; 1577 tit. 32 § 1, von „Pupillen" und „Minderjährigen", von „Vormündern" und „Vorstehern", machen aber in der Sache selbst keinen Unterschied[2]).

Den Minderjährigen wird nicht, wie in Rom auf Verlangen, sondern immer ein Vormund gegeben; die sollemnia negotia der Römer sind unbekannt, und zum Antritt einer Erbschaft genügt auch bei Unmündigen die formlose Zustimmung. Daher konnte bereits Stryk sagen[3]): cum ergo hodie nullum amplius discrimen sit inter auctoritatem et consensum curatoris, idem ubique praestat curatorum consensus. Gundling (anno 1722) aber meint in drastischer Weise[4]):

„Es erhellet sonnenklar, wie eitel unsre Praktikanten disputieren, ob der tutor seinen Konsens oder auctoritas bei uns Teutschen interponieren müsse.... So subtil philosophieren die Deutschen nicht: obschon vielleicht ein oder der andere docteur sot bisweilen das römische Wesen, so er noch nicht verstanden, durch seine visierliche decisiones zur Nachahmung bringen wolle."

Die auctoritatis interpositio ist in der That ein

---

1) Schwab. sp., cap. 60 u. 63 (Lassberg); lüb. R. Hach II 102.
2) cf. Böhlau, § 87.
3) U. M. P. ad libr. 26 tit. 2: Tit. VIII § 2.
4) Gundlingiana, St. 29, Nr. 6, § 8.

überlebter Begriff[1]), und die Behauptung einzelner[2]), dass er noch praktisch sei, gleicht dem Bestreben, einen Toten zu erwecken. Nur wen die Freude am Verständnisse der alten Rechtsquellen den Blick für die Bedürfnisse der Gegenwart getrübt, kann es bedauern, dass Unterschiede wie „cura" und „tutela", „auctoritas" und „consensus" beseitigt sind. Das allein ist ein gutes Recht, welches im Volke und in der Zeit wurzelt. Nicht im starren Festhalten an der Ueberlieferung, sondern in der freien Ausgestaltung des überkommenen Rechtes gemäss den Anforderungen des Lebens ist die Grundlage für eine gesunde Rechtsentwickelung zu finden.

---

1) cf. Böhlau l. c. § 111. Stobbe, deutsches Privatr. § 264.
2) Z. B. Glück, Bd. 30, § 1343; Thibaut, § 804; Puchta, § 334.